DEBUT D'UNE SERIE DE DOCUMENTS
EN COULEUR

SOUVENIRS D'ALSACE

PAR LE

Docteur Ulysse CHEVALIER

ROMANS

Imprimerie R. SIBILAT ANDRÉ

— 1892 —

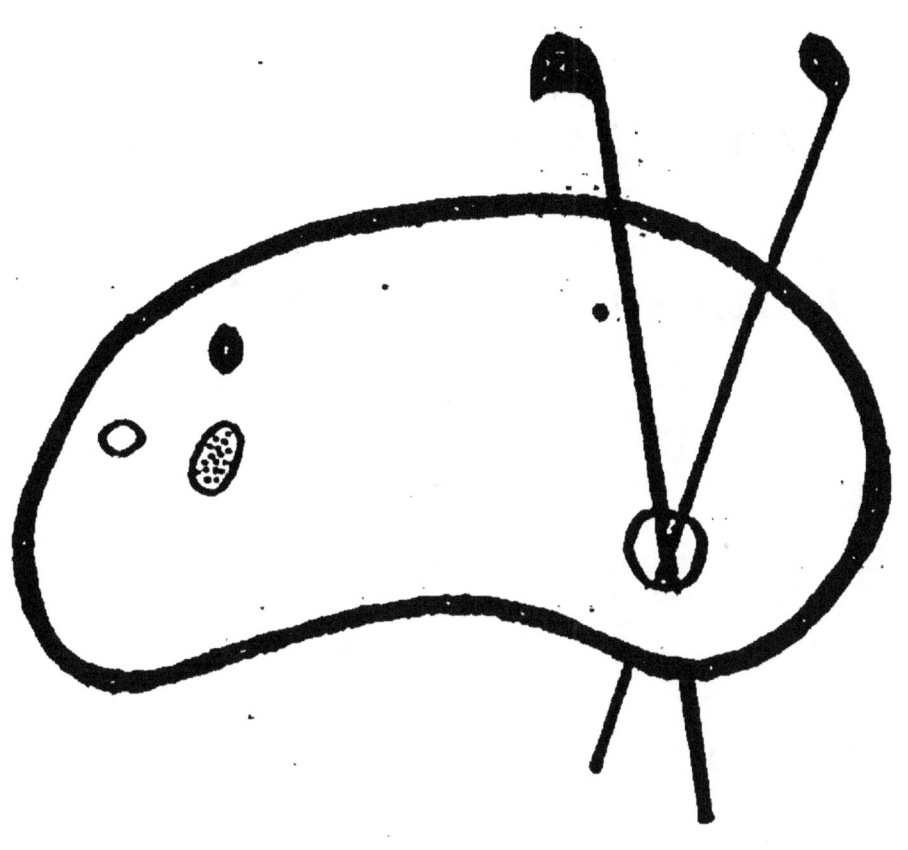

FIN D'UNE SERIE DE DOCUMENTS EN COULEUR

à Mr Léopold Delisle

hommage de l'auteur

SOUVENIRS D'ALSACE

PAR LE

Docteur Ulysse CHEVALIER

ROMANS
Imprimerie R. Sibilat André
— 1892 —

SOUVENIRS D'ALSACE

—:o:—

Vers la fin de 1851, je quittai Paris pour Strasbourg, sous le prétexte assez fallacieux d'apprendre la langue allemande d'une manière pratique et de m'initier aux mystères de la philosophie d'Outre-Rhin, tout en continuant mes études scientifiques.

Je descendis à l'hôtel du *Corbeau*, près du pont de même nom. Cette coïncidence provoqua mon premier travail intellectuel dans la capitale de l'Alsace, qui fut dans le but d'élucider si l'hôtel du Corbeau avait donné son nom au pont ou si c'était le pont qui avait transmis le sien à l'hôtel. Mais je ne parvins pas à résoudre cet intéressant problème :

Adhuc sub judice lis est.

Strasbourg, en allemand *Strassburg*, ville de la Chaussée, de la route d'Allemagne en France, l'*Argentoratum* des armées romaines, était une ville libre de l'Empire germanique lorsque les Français en prirent possession (1). Louis XIV en fit la capitale de l'Alsace et y fonda et entretint une Université qui fut fréquentée principalement par des étudiants allemands. Après la révolution, Strasbourg devint le simple chef-lieu du département du Bas-Rhin et ensuite le siége d'une Académie composée de quatre Facultés, lesquelles possédaient, de mon temps, un certain nombre de professeurs fort érudits, mais modestes et n'ayant pas l'occasion de montrer leur science ; le

---

(1) Strasbourg nous était acquis, en 1643, par le traité de Westphalie. La prise de possession ne fut réalisée qu'en 1681, sans coup férir et sans qu'une goutte de sang ait été versée. En 1870, les Allemands l'ont assiégée et bombardée : ils en ont incendié plus de 600 maisons, la plupart des édifices publics, la bibliothèque, la cathédrale. Enfin 300 habitants de tout âge, de tout sexe ont été tués et 1.100 blessés.

nombre des élèves était peu considérable et seulement composé de quelques fils de juifs et de propriétaires alsaciens de condition et d'éducation médiocres et généralement peu studieux. Il y avait, en outre, quelques étudiants venus des autres Facultés, ne séjournant que le temps nécessaire pour passer un ou deux examens et soutenir leur thèse.

Le Secrétaire de l'Académie était un M. Dupin, homme fort lettré, mais d'un caractère extrêmement violent. Son souffre-douleur était son commis, nommé Merle (pas un beau merle), qui, les jours de soutenance de thèse, figurait en qualité d'appariteur, avec une robe noire et une masse d'argent. Il recevait ordinairement du récipiendaire une pièce de cinq francs et des élèves présents une collection de quolibets.

Alors les étudiants, dans l'Alsace et même sur les frontières allemandes, jouissaient de certaines immunités. La police même de la ville, si froide et si sévère d'ordinaire, leur passait beaucoup de libertés et regardait en souriant leurs escapades. Dans les brasseries, on les servait à part et on ne leur demandait pas d'avance, suivant l'usage, le prix des consommations. Dans ces établissements, meublés de la manière la plus primitive, on pouvait souper pour cinq sols, savoir : pour une choppe de bière deux sols, pour une saucisse grillée même prix, enfin pour un sol de pain.

Le dimanche, les familles de petite bourgeoisie, de boutiquiers et d'ouvriers chargées de paniers contenant des provisions allaient passer l'après-midi dans quelque brasserie des faubourgs ou des environs. Chaque famille s'installait à une table séparée. Pendant que le père fumait et buvait, les jeunes garçons et les jeunes filles se rendaient à la salle de bal et s'y amusaient avec la plus entière liberté. Le soir, tous rentraient se coucher, heureux d'une journée de plaisir et d'oubli : *Iucunda oblivia vitæ.*

Le traité qui réunissait l'Alsace à la France autorisait les habitants d'opter pour l'un ou pour l'autre pays. En conséquence, presque toute sa noblesse préféra s'établir au-delà du Rhin, en conservant certains droits féodaux, qui furent abolis à la révolution de 1789.

Voilà comment les Alsaciens, issus d'une race où le respect de l'autorité et de la force est un sentiment inné, se trouvant débarassés de tous seigneurs, hobereaux et junkers, devinrent un peuple éminemment démocratique, qui préféra, à la brutalité de l'autorité allemande et à la tracasserie de son administration, la douceur du gouvernement français qui respecta toujours ses usages, ses mœurs et même sa langue à un degré peut-être exagéré, car j'ai vu dans des villages des sœurs, qui faisaient l'école, ne pas savoir un mot de français, et des curés de campagne faire leurs instructions religieuses et leur sermon en allemand. Ainsi l'Alsace devint une province très prospère et qui, par la suite, serait devenue très riche si elle n'avait pas eu, attachée à ses flancs, une nuée de juifs, parasites, frelons et vampires, qui, par une usure impudente et impunie, enlevait le plus clair des revenus de cette trop débonnaire population.

Peu de temps après mon arrivée à Strasbourg, parut, à la date du 18 janvier 1852, un décret du Président de la république qui contenait entre autres dispositions le paragraphe suivant :

« Le château de *Saverne* sera res-
« tauré et achevé pour servir d'asile
« aux veuves des hauts fonctionnaires
« civils et militaires, morts au service
« de l'Etat (1). »

---

(1) Comme cette attribution du Château de Saverne faisait partie du décret qui « restituait au domaine de l'Etat les « biens meubles et immeubles qui sont « l'objet de la donation faite, le 7 août « 1830 par le roi Louis-Philippe ». Il semblerait d'abord que le château de Saverne était au nombre des biens confisqués, tandis qu'il ne figurait dans ce

Voici quelques notes historiques sur cette petite ville peu connue, dont le magnifique château venait de recevoir une destination plus bienveillante que bien inspirée.

Saverne, en latin *Sex tabernœ* (les six cabarets), en allemand *Elsass-Zabern*, ne fut dans le principe qu'un camp retranché fondé par Jules César. Les Germains s'étant emparé du pays, Julien II, dit l'Apostat, quitta Vienne en 355 de notre ère et vint avec son armée en Alsace d'où il chassa les envahisseurs des Gaules. Ce prince passa cinq ans à Saverne. Il agrandit considérablement l'enceinte de la ville, en perfectionna les fortifications, mais, après

---

décret que pour sa nouvelle destination et pour avoir sa part dans les revenus et la vente de ses biens. Cette mesure qui, au point de vue des apanages, pouvait se plaider et qui au fond était un acte de représailles contre les violentes hostilités des Orléanistes, fut annulée par un décret de l'Assemblée nationale, réunie à Bordeaux, en 1871.

sa mort, les barbares se ruèrent sur l'empire romain. La place de Saverne était importante au moyen-âge : ses murs étaient flanqués de 52 tours et passaient au pied d'un rocher connu aujourd'hui sous le nom de *Saut du prince Charles*, parce que, d'après une légende, ce prince, pour ne pas être fait prisonnier, sauta étant à cheval de ce lieu élevé et put ainsi échapper à ses ennemis.

Dans l'intérieur des lignes de ces fortifications on distingue un ancien cimetière gallo-romain où l'on voit un grand nombre de pierres tombales qui affectent des formes très bizarres : prismes triangulaires, pyramides, etc. Sur la face antérieure de quelques-unes sont tracées des rouelles gauloises, des clepsydres, peu d'inscriptions et très mutilées, sauf quelques D. M.

Saverne fut souvent assiégée, prise et reprise et enfin, avec l'Alsace, annexée à la France sous Louis XIV. Ses fortifications furent rasées en 1696.

C'était, en 1870, une sous-préfecture du département du Bas-Rhin avec une population de 5.500 habitants. Elle n'a pour ainsi dire qu'une rue et une petite place au milieu de laquelle est un gnomon en marbre noir, chargé d'inscriptions astronomiques. Le monument le plus remarquable est le château, ancienne résidence des princes de Rohan, évêques de Strasbourg. En dernier lieu cet immense édifice avait été converti en caserne et occupé par un escadron du train d'artillerie (1). Les bosquets et le parc avaient été rasés et affectés à un champ de manœuvres. Enfin, cet historique château ayant reçu les appropriations ordonnées par le décret du 22 janvier 1852, plusieurs ménages vinrent s'y établir, mais avec peu d'empressement parce que cette existence d'hôtellerie banale, de caravansérail, de phalanstère ne plaisait pas en général à des familles qui avaient occupé

---

(1) Les Prussiens y ont établi une école forestière.

une position sociale élevée. Néanmoins, j'appris de Strasbourg, où je continuais mes études, que Mme G..., grande amie de ma famille, « veuve d'un haut fonctionnaire civil mort au service de l'Etat », occupait, avec sa fille, un logement dans le château de Saverne. Je profitai des vacances universitaires de Pâques pour aller faire une visite à ces dames et, par la même occasion, me livrer à des excursions archéologiques, que je projetais depuis longtemps, dans cette partie de l'Alsace qui possède de nombreuses et intéressantes curiosités.

En conséquence, je me rendis à Saverne où je logeai à l'hôtel du *Soleil d'Or*, dont le propriétaire, Meinherr K..., eut l'obligeance de me procurer un léger char à bancs, au prix de cinq francs par jour.

Le jour de la fête de Saverne, Mme G... et sa fille vinrent dîner avec moi à l'hôtel du Soleil. Nous occupions le haut bout d'une immense table d'hôte fort bien garnie et bien servie.

Non loin de nous était le maître de poste, gros et excellent homme, dont j'avais, dans mes courses, fait la connaissance. Alors sa fille, personne excentrique et romanesque, à la tête d'une compagnie joyeuse, fait son entrée dans la salle comme un coup de vent :

C'est une grande maigre, aux airs extravagants,
Avec son gros bouquet, son mouchoir et ses gants.

Ayant aperçu son bonhomme de père, elle alla vers lui avec une grande désinvolture et lui adressa quelques paroles câlines accompagnées de petites tapes sur les épaules.....

Au dehors, la foule était considérable : des juifs et des Allemands avaient encombré la grande-rue et la place de jouets, de spectacles, d'exhibitions de toute sorte. Il y avait aussi une collection de paysannes de l'Alsace avec leurs costumes pittoresques. Mais, dans ce milieu tudesque, les sentiments étaient bien patriotiquement français. Et même je vis, au milieu d'un groupe, un paysan bavarois, se vantant hautement d'avoir servi dans l'armée française. Moi, criait-il, d'une voix un peu avinée : servi sous *Napolioune*, dans le 7ᵉ houzards.

Voici le résultat de mes excursions archéologiques.

Non loin des ruines du château de *Greifenstein*, dont il reste la tour, et de la maison forestière appelée *Schwitzerhoff*, existe sous le rocher sur lequel elle est construite, un autel consacré à *Saint-Fix*. Ce lieu est un pélerinage de grande réputation dans le pays. Une chapelle était jadis à la place de la ferme actuelle et un ermite était chargé de sa garde : il était payé annuellement par la commune de Saverne. L'autel actuel est élevé au fond d'une grotte naturelle dans l'intérieur d'un bloc vosgien. Elle est spacieuse, élevée, sans trace d'humidité. Une source se trouve au-dessous et forme une mare d'eau assez limpide, contenue dans un bassin garni régulièrement d'un revêtement en pierres.

Il y avait une fois un prince, souverain de cette contrée, qui, étant à la chasse, chercha un refuge sous l'immense voûte formée par un rocher. Là, se trouvait une petite mare alimentée par une source. Des grenouilles y vivaient et y coassaient alors comme aujourd'hui. Malgré la présence de ces batraciens, le prince qui, dans ce moment était atteint d'une maladie d'yeux (on ne dit pas laquelle), mu par une heureuse inspiration, trempa son mouchoir dans cette eau avec laquelle il baigna l'organe malade. Une guérison assez prompte pour passer pour miraculeuse ayant suivi cette lotion, la vertu de l'eau de cette grotte devint célèbre dans la contrée et attira, comme elle attire encore de nos jours, une foule de pèlerins plus ou moins ophtalmiques, qui déposent, en guise d'*ex-voto*, sur l'autel de la grotte, des grenouilles en fer ou en bois. Mais quelles grenouilles ! Les idoles des Chinois, les gris-gris des nègres du Congo, les fétiches des Cannibales, les manitous de la Nouvelle-Zélande et de la Terre de Feu sont des chefs-d'œuvres de sculpture et de plastique en comparaison des informes morceaux de bois et de fer déposés par la foi quelque peu superstitieuse des paysans alsaciens. Les femmes font usage de préférence de l'eau de la grotte de *Saint-Witt* qui les guérit de la danse de Saint-Guy et les rend fécondes.

Non loin, sur le sommet d'un contrefort des Vosges dit le *Haut-Bar* (en allemand *Hoth-Barr*), on voit les ruines d'un ancien château fort, comme on en voit, au reste, sur presque tous les lieux élevés de cette contrée.

Arces montibus impositas.

On se demande, tout d'abord, par quels efforts surhumains on a pu hisser la masse énorme de matériaux nécessités par ces constructions cyclopéennes alors qu'on ne disposait pas des engin de la mécanique moderne. Une seconde question est celle de savoir comment des familles de la plus haute aristocratie pouvaient vivre dans une situation matérielle et morale aussi éloignée de toutes ressources et de toutes relations sociales. Aujourd'hui ces antiques habitations féodales sont hantées, en bas par des bêtes fauves et, en haut, par des oiseaux de proie. Du sommet de ce rocher, on jouit d'une vue ravissante : d'immenses forêts dont on n'a pas l'idée dans nos pays, une vallée profonde sillonnée par un canal et un chemin de fer, le panorama de la ville de Saverne et l'immense bassin de l'Alsace au fond duquel surgit, comme un peuplier gigantesque, la flèche de l'église de Strasbourg. J'ajoute à ce souvenir celui de l'ancien château de *Waldeck* (1), situé

---

(1) Après la réunion de l'Alsace à la France, la famille princière de Waldeck émigra en Allemagne, principalement en Autriche où elle existe encore. Une princesse de Waldeck a épousé en 1878, comme on le sait, Guillaume III roi de

dans une forêt, au levant de la route de Niederbron à Bitche. Il n'en reste plus que la façade très bien conservée et d'une architecture assez élégante ; laquelle entourée d'arbres séculaires et couronnée de verdure, ressemblait à un décor d'opéra. Ces vieux châteaux et ces vieilles ruines, on ne peut les contempler sans une mélancolique tristesse.

Quelques jours après, j'allai visiter la chapelle de *Dabo*. C'est un édifice construit en 1828 en l'honneur du pape Saint-Léon IX, sur un roc élevé de 600 mètres, au lieu et place du château féodal des comtes de *Dabsbourg*.

Voici quelques faits historiques et généalogiques concernant cette noble famille que j'ai recueillis sur les lieux.

La maison de Dabo descend du duc d'Allemagne Alhic, père de Sainte-

---

Pays-Bas, et elle est aujourd'hui régente de ce royaume.

Odile, patronne de l'Alsace. Adelinde, fille de Hugues Ier, comte de Dabo, épousa en 996 Hugues II, oncle de l'empereur d'Allemagne, Conrad le *Salique*. De ce mariage sont issus Hugues III et Brunon qui fut pape sous le nom de Léon IX. Il naquit à Dabo le 21 juin 1002 et fut baptisé dans la chapelle de *Valscher*, aux sources de la *Bièvre* (pas celle qui coule à Paris), laquelle chapelle a tout récemment été reconstruite et dédiée à Saint-Léon IX d'Egisheim,

On dit que Brunon vint au monde le corps stigmatisé de petites croix rouges sur la peau, par l'effet de l'impression que la pensée fréquente de Jésus-Christ, avait faite sur l'esprit de sa mère, femme très pieuse, qui nourrit elle-même ce fils qu'elle donna, à l'âge de huit ans, à Berthold, évêque de Toul, pour l'élever dans la vertu et les lettres. Brunon se fit remarquer par tant de qualités précieuses, qu'à l'âge de 24 ans, il fut nommé évêque de Toul. Il exerçait son épiscopat depuis 22 ans, lorsqu'il fut élu pape dans une assemblée tenue à Worms en 1048. Il fut reçu à Rome avec de grandes acclamations et intronisé le 12 février suivant.

Le pape Léon IX tint plusieurs Conciles. Les Normands battirent ses troupes et le firent prisonnier. Ils le confinèrent à Bénévent depuis le 23 juin 1053 jusqu'au 12 mars 1054. Il revint à Rome et y mourut, en odeur de sainteté, le 19 avril suivant : jour où on célèbre sa fête.

En 1211, Gertrude, unique héritière d'Albert de Dabo, épousa Thiébaut Ier, comte de Lorraine. La veuve du successeur de celui-ci, épousa, en troisièmes noces, Simon, comte de Linanges (1).

---

(1) Les successeurs de ce comte de Linanges (en allemand *Leinengen*), dépossédé par Louis XIV, existent encore en Allemagne. En 1852, le général, comte de Linange, fut envoyé par l'empereur d'Autriche, dont il était l'aide de camp, à l'empereur de Russie pour l'inviter à des manœuvres de cavalerie.

Enfin, les Français, commandés par le baron de Munster (1), envahirent le comté d'Abo et assiégèrent le château défendu par 30 hommes, qui se rendirent après une assez vigoureuse résistance. Il fut rasé entièrement en 1679. Depuis cette époque, la plateforme et le rocher de Schlossberg étaient restés chargés de quelques décombres, lorsque, en 1826, Mgr Forbin-Janson, évêque de Nancy, étant en tournée épiscopale, engagea les habitants à construire une chapelle sur cette roche même et à la dédier à Saint-Léon : il en posa la première pierre. Enfin, en 1828, après des peines inouïes, la chapelle fut achevée et surmontée d'une statue de Saint-Léon tenant d'une main la croix à trois branches et donnant de l'autre la bénédiction *Urbi et Orbi*. Mgr Janson consacra le nouvel édifice : ce fut, assure-t-on, un spectacle imposant et majestueux. Etant sur les lieux,

---

(1) Un comte de Munster est aujourd'hui ambassadeur d'Allemagne à Paris.

je me suis représenté, avec une vive émotion, le moment où, du haut de ce rocher, ayant en face l'immense plaine de l'Alsace et de tous les autres côtés des monts couverts de sombres sapins, l'évêque fit descendre la bénédiction du Saint-Sacrement sur tout ce peuple couvrant les flancs de la montagne et prosterné sur ce sol qui rappelait tant de souvenirs !

Le village actuel de Dabo est bâti sur une pente de la montagne : Les rues sont tortueuses, fort inclinées et sillonnées de cours d'eau, et des sapins, couchés en travers, servent de degrés pour les gravir. Les maisons sont assez propres et couvertes en tuiles de bois nommées *bardeaux*. L'église paroissiale est très convenable. Le curé était un homme instruit, affable, hospitalier. Une certaine fortune lui permettait de traiter confortablement ses invités, même les prélats et les préfets.

Afin d'attirer et de retenir ses habitants sur leurs terres, les seigneurs de

Dabo accordèrent à chaque chef de famille un affouage de trois sapins, à prendre annuellement dans la forêt voisine : droit que l'administration forestière a toujours reconnu et respecté.

Vers la fin de 1848, le Conseil municipal de Dabo eut l'heureuse pensée de fournir aux jeunes gens de la commune une occupation lucrative par la création d'une industrie dont on possédait la matière première. Dans ce but, on fit venir de la Forêt-Noire deux habiles ouvriers pour apprendre à ceux de Dabo la sculpture sur bois de sapin et la confection de ces jouets et bibelots dont la ville de Nuremberg semble avoir le monopole.

Le Président de la République accorda un secours de cinq mille francs pour encourager cette industrie naissante à laquelle je me fis le plaisir d'acheter quelques produits en souvenir de ma visite.

Après avoir vidé, suivant l'usage, un vidrecome du cassis lorrain, comme je me disposais à prendre congé de mon excellent hôte, il me proposa de rendre visite au personnage le plus considérable de Dabo. C'était, me dit-il, M. de C... ancien commandant de la place de Phalsbourg, qui, pour mieux satisfaire sa grande passion pour la chasse, s'était établi dans ce pays, au milieu de ses vastes et giboyeuses forêts. Mais aujourd'hui, accablé par l'âge et souffrant de la goutte, ce brave commandant en était réduit, à l'exemple de bien des généraux en retraite, à l'innocente occupation de traduire les odes d'Horace dans lesquelles il puisait les citations dont il émaillait sa conservation.

En effet, après avoir traversé un grand et pittoresque jardin, je trouvai dans la salle basse d'un élégant pavillon, un grand vieillard, à la grosse moustache blanche, étendu sur une chaise-longue, le pied droit enveloppé d'une couche de ouate et occupé à boire une infusion que lui servait sa femme, personne très distinguée et bien conservée.

Les présentations faites et les civilités d'usage accomplies, M. de C.... nous parla de sa faiblesse et de ses souffrances, sur un ton gémissant et découragé, il alla même jusqu'à prédire sa fin prochaine, et se mit, avec assez d'à propos du reste, à déclamer d'une voix émue le passage suivant de l'ode d'Horace à Posthume :

Linquenda tellus et domus,
Et placens uxor !...

(Il faudra quitter cette terre, cette maison, une épouse chérie.)

Nous lui objectâmes, M. le Curé et moi, qu'on ne mourrait pas d'un accès de goutte et qu'après deux ou trois semaines de repos, il n'y paraitrait plus de cette maladie aristocratique, qui avait fait dire à Louis XVIII, ce royal podagre : N'a pas la goutte qui veut ! après quelques autres banalités, nous quittâmes ce malade en lui souhaitant un prompt rétablissement et la force de reprendre bientôt ses exercices cynégétiques.

Une autre de mes excursions archéologiques eut pour but principal *Neuwiller*, gros et beau village sur la lisière des Vosges, à 10 kilomètres au nord de Saverne, et célèbre par son ancienne abbaye de bénédictins, dont il subsiste une belle église. Lors de ma visite, on déblayait la crypte, qui probablement avait servi autrefois de caveau funéraire. Sur les ruines du château d'*Honnebourg*, le maréchal de France Clarke, duc de Feltre, ministre de la guerre sous l'empire et sous la restauration, avait fait construire une belle habitation où il est mort en 1819. Il a été enterré dans le cimetière du village où une haute colonne en marbre blanc s'élève sur sa tombe. Le duc de Feltre s'était remarié avec la gouvernante de ses enfants. C'était, disait-on, une excellente personne, très obligeante, qui ne pouvant rien par elle-même, avait recours aux aides de camp de son mari.

Au-dessus de Neuwiller existe une ancienne abbaye dite de *Saint-Jean aux Choux*, dont l'église, tapissée *d'ex voto*, rappelle celle de Saint-Antoine du département de l'Isère.

Au milieu de la forêt se trouve une haute et spacieuse grotte, bien exposée et jadis habitée par un ermite qui y mourut et y fut enterré.

Dans une vallée voisine, il y a une série de grottes habitées par une population de troglodytes. Le devant du logement est bâti et offre uniformément pour ouverture une porte et une fenêtre. Un ruisseau, qui coule au bas dans une étroite vallée, était alors peuplé d'énormes écrevisses, qui ont disparu depuis l'établissement des chemins de fer.

Au milieu des arbres séculaires qui couvrent le sol, entre les Vosges et l'Alsace, on découvre de nombreux et intéressants vestiges d'anciennes villas et même de temples Gallo-romains. A cette même époque où je me livrais à des explorations archéologiques, j'eus l'occasion de voir une statue colossale, très bien conservée, d'un mercure gaulois que le colonel Ulrich, frère du général qui a défendu Strasbourg en 1870, avait découverte et fait transporter à Phalsbourg.

Un jour que j'avais prolongé vers l'Ouest mes recherches, je découvris près de Phalsbourg une petite chapelle, isolée au milieu d'une prairie. Elle était ouverte à tout venant et les modestes ornements de son autel étaient confiés à l'honnêteté publique. J'y relevai, sur une pierre tombale, l'inscription suivante :

Nobilissimus dominus Carolus Dosterkeim Baro, lieutenant-colonel, ex legione De Kelstkeim, pie obût die primo mensis Martis, anni millesimi septuagentesimi Undecimi, et postridie, à me infra scripto, In sacello sancti Johannis extra urbem, Sepultus fuit.
Ita attestor : J. Kunn, vicarius Ecclesiæ Phalsburg.

Ce lieutenant-colonel appartenait

sans doute à la garnison de Phalsbourg, dont les fortifications avaient été construites par le célèbre Vauban, en 1680.

En sortant de cette chapelle, attiré par un joyeux concert de cloches, je me dirigeai vers Phalsbourg, où je mis pied à terre à l'hôtel de la *Ville de Bâle*, tenu par une grosse alsacienne, coiffée d'un énorme *calot* blanc. Son fils était un grand jeune homme « qui avait fait ses classes » et était même un des clercs du « notaire de l'endroit ». Il m'apprit que la procession de la Fête-Dieu, qui commençait en ce moment, après une interruption de 22 ans, avait été interdite sous le prétexte qu'une centaine de protestants avaient un temple dans une chambre et que deux douzaines de juifs (1) avaient leur synagogue dans un ga-

---

(1) Les fils de Jacob sont partagés en deux grands groupes : les *Séphardin* et les *Askenasim*, les juifs du midi, appelés juifs portugais, et les juifs du nord dits juifs allemands. Séphardim et Askenasim ne diffèrent pas seulement par leurs traditions et leurs rites : les pre-

letas, et ce fait par l'influence de quelques meneurs, sans mandat.

Au reste, jamais procession de la Fête-Dieu n'avait été célébrée à Phalsbourg avec un luxe et un entrain aussi extraordinaires. La foule était immense, les files auraient pu faire le tour de la ville. La marche s'ouvrait par un beau suisse, habillé et armé tout de neuf; le dais était porté par dix anciens *montagnards*. Il y avait musique, chœur de jeunes gens et de jeunes filles, tambours et escorte militaire. Parmi les groupes composant la procession, on remarquait une théorie de jeunes personnes dont les longues tuniques blan-

---

miers semblent plus purs d'alliage étranger. Ils se sont toujours regardés comme l'élite de la nation, jusqu'à ne pas vouloir être confondus avec les autres juifs. Ce type, en effet, a une noblesse que n'offre pas celui du nord. Ainsi on a vu les *Mirès*, de Marseille, se croire d'une origine plus noble et plus pure que les Rothschild, de Francfort.

ches, les couronnes de roses et le profil grec rappelaient les vierges d'Athènes qui figuraient aux fêtes de *Panathénées*.

On avait élevé quatre reposoirs : le premier, dit des *artistes*, représentait une chapelle gothique surmontée d'un clocher avec une flèche très élevée (moins cependant que celle de Strasbourg) ; c'était un vrai édifice du moyen-âge avec ses voûtes en ogive, ses trèfles, ses fleurons, ses rosaces, ses colonnettes, ses niches, le tout sculpté, découpé, guilloché, ciselé, percé à jour comme une dentelle, agrémenté, décoré, animé par des jets d'eau, des cascades et surtout par des statues vivantes de jeunes filles. Le deuxième reposoir, dit des *demoiselles*, se faisait remarquer par sa simplicité élégante et sa fraîcheur fleurie ; le troisième, surnommé de la *bourgeoisie*, était, comme celle-ci, ni bien ni mal ; enfin, le quatrième, dit des *militaires*, élevé aux frais et par les soins des officiers de la garnison, était tout exceptionnel ; il y avait d'abord un arc de triomphe décoré de drapeaux avec une croix d'honneur au milieu et un aigle au-dessus ; au pied étaient deux pièces de canon. L'autel était pavoisé, couvert d'un dôme et garni d'armes de toute espèce : en faisceaux, en soleils, en candelabres, etc. Au moment de la bénédiction, plusieurs officiers chantèrent, avec accompagnement de piano, une prière composée par l'un d'eux. Il est juste et intéressant d'ajouter que les tentures, rideaux, et fauteuils, avaient été prêtés avec empressement par des dames juives.

Le soir, le coup d'œil était splendide ; les reposoirs, dont on avait conservé les ornements et les décorations, furent illuminés et éclairés à *giorno* par des volcans de flammes, des feux de Bengale, des bougies, des verres de couleur, des lanternes vénitiennes, des chandelles romaines. On tirait des fusées, des pétards, etc., etc.

Vers dix heures du soir, je repartai

pour Saverne, laissant la brave population de Phalsbourg dans sa joie brillante et leur vénérable curé, M. Hanh, pleurant de bonheur.

Dans l'intention de rendre la visite que je leur avait faite à Saverne, Mme G... et sa fille débarquèrent un beau matin à Strasbourg, à l'*Hôtel de l'Esprit*, où je leur avais retenu une chambre. Après un déjeûner sommaire, nous allâmes visiter les curiosités de la ville : les statues de Kléber et de Guttemberg, le Brueil, le Pont-Couvert et surtout le Munster (la cathédrale) et la fameuse horloge, réparée et complétée par M. Schwilgné, mort récemment.

A midi sonnant, au milieu d'une foule de curieux, ces dames virent avec admiration le coq de la Passion battre des ailes et chanter trois fois ; les douze apôtres venir processionnellement adorer le Christ, saluer le public, puis rentrer dans le monument.

Le lendemain, qui était un dimanche

et fête à la promenade de la *Robertsau*, nous allâmes au jardin Lipps où une société choisie écoutait l'excellente musique du 17ᵉ léger.

Le lundi fut consacré à une excursion au-delà du Rhin. Nous traversâmes ce fleuve sur un petit pont de bateaux, un peu en amont de l'ancien pont de bois incendié par les Français en 1814, et qui n'avait pas été rétabli depuis. La petite ville de Kell, but de notre partie de plaisir, était alors nouvellement reconstruite ; ce qui lui arrivait après chaque guerre entre la France et l'Allemagne. Les obus et les bombes de la citadelle de Strasbourg ne manquant pas alors de la réduire en cendres.

Le grand duché de Bade était alors occupé par des troupes prussiennes. Nous en rencontrâmes une patrouille commandée par un caporal qui, à la tête de ses quatre hommes, le fusil sur l'épaule, passa devant nous fier comme Artaban. C'était, il est vrai, un beau et grand jeune homme, toutefois, un français, doué des mêmes avantages, n'aurait pas été si glorieux du grade infime de caporal.

Nous entrâmes dans un grand bazar, plutôt par curiosité que par désir de faire des emplettes. Pendant que Mme G... et sa fille s'amusaient à regarder des bibelots d'assez mauvais goût, j'allai saluer la demoiselle qui trônait au comptoir. C'était une toute jeune et jolie personne, blonde enfant de la vertueuse Germanie. J'eus avec elle le dialogue suivant :

— Bonjour, Mademoiselle ! Il y a-t-il longtemps que vous êtes dans le commerce ?

— Monsieur, il y a six semaines que ma tante, propriétaire de ce bazar, a eu l'idée de me faire venir de Bade où j'etais en pension.

— C'est une bien heureuse idée qu'à eu là Madame votre tante. Commencez-vous à être au courant de votre emploi ?

— Oh ! je connais déjà tous les articles du magasin, même les articles secrets.

— Ah, vraiment ! Dans votre commerce il y a, comme dans les traités des grandes puissances, des articles secrets !

Comme pour joindre la preuve à ses paroles, elle apporta en souriant, d'une pièce voisine, un petit carton rouge dont l'étiquette portait en français ces deux mots : *Photographies galantes*.

Un simple coup d'œil dans ledit carton m'ayant appris ce dont il s'agissait, je le refermai sans un plus long examen, ce qui me valut de la part de ma jeune marchande et d'un ton dépité l'apostrophe suivante :

— Je croyais, Monsieur, que les Français aimaient la galanterie ?

— Sans doute, Mademoiselle, les

Français sont galants, mais aussi les Françaises sont pudiques, et jetant un regard vers ces dames, j'ajoutai : Vous comprenez ? une autrefois... quand je reviendrai... je ne dis pas...

— C'est très bien, Monsieur, quand vous reviendrez, vous trouverez une collection plus complète, car M. le photographe de S. M. le roi de Prusse nous a annoncé un envoi important et intéressant.

Là dessus, pour faire diversion, je fis l'achat d'un jeu de cartes, dont les figures étaient plus baroques que spirituelles.

Une heure après, nous étions revenus en France, sains et saufs, de notre voyage à l'étranger....

Mes chères études terminées, je quittai Strasbourg, ville où il faisait si bon vivre et que je ne devais plus revoir.

Salut, plaine féconde de l'Alsace, monts couverts d'épaisses forêts et couronnés de ruines féodales, et vous braves et fidèles Alsaciens, salut pour la dernière fois !

FIN

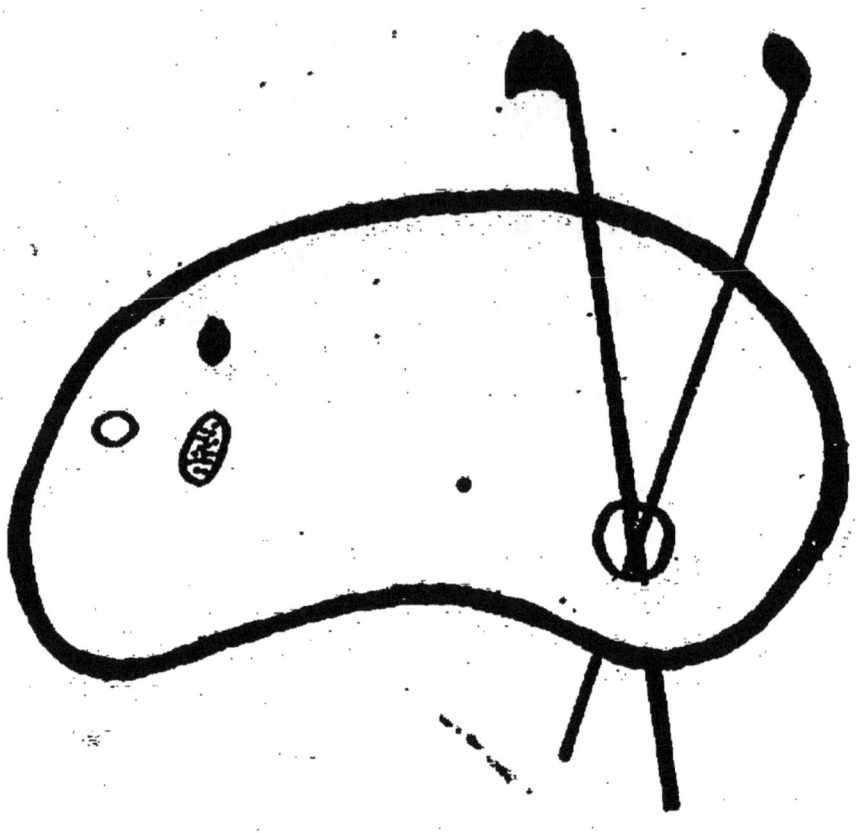

ORIGINAL EN COULEUR
NP Z 43-120-8

www.ingramcontent.com/pod-product-compliance
Lightning Source LLC
Chambersburg PA
CBHW060951050426
42453CB00009B/1145